4월아, 미안하다

4월아, 미안하다

심언주 시집

민음의 시 139

민음사

自序

길들아, 줄장미 꽃들아
비와 달, 숲, 쥐, 브래지어, 비둘기, 화요일의 밤들아
나는 아이를 주렁주렁 낳고 싶어.
서서 낳고 앉아서 낳고 걸어가며 낳고 뛰어가며 낳고
아이를 쑥쑥 낳아 보고 싶어.
도라지 꽃들처럼 한꺼번에 환하게
안겨 와도 좋고 안아 줘도 좋을 아이를
쏟아 놓고 싶어.

2007년 봄
심언주

차례

自序

온몸이 지우개가 된 여자　11

조개를 굽다　12

꽃잎　13

예감　14

길을 길들이는 법　16

관계　18

점화　19

심심해　20

하느님의 아이를 배지 않겠다구요　22

가위　23

안녕, 김밥　25

초승달을 당기면　26

풀　27

엘리베이터　28

꽃잎 R과 커피　29

CCTV　30

빗방울에게 묵념을　31

비명　32

수종사 삽살개처럼　33

지하철 정거장에서　34

꽁무니　35

부품 조립　36

섬   38

나무들   39

공   41

4월아, 미안하다   42

빨래   44

천남성   45

브래지어를 열면   46

국화 화원   48

횡설수설아파트에서   49

바코드 터널   50

내일을 위해 내 일을 위해   51

빗방울 행진곡   52

황소와 망초꽃   54

아이들   56

구름이라도 그려 넣자   57

장마   58

바람아래해수욕장에 뒹구는 말들   59

목련   60

술 술 진술하다   61

깃발   62

표본 산제비나비는 상자 밖을 날고 있다   63

빈 병   64

헌화가   65

접시 위 7번 국도   66

나팔꽃 행성   68

비너스, 벗어던져요　69
쥐 잡으려다　70
비밀 한 컷　72
브래지어　74
시뮬레이션—새　75
웃는 도마뱀　76
나는 흩뿌려진다　78
줄장미　80

작품 해설 / 이문재
그림자, 벌떡 일어서다　81

온몸이 지우개가 된 여자

　혀는 말을 지우고, 눈은 밤과 낮을 지우고, 짧은 손톱으로는 늦게까지 상처들을 지웠나 보다.
　모두 닳아 없어지고 기다란 뼈와 머리카락만 남았다. 빗자루처럼 바닥에 던져져 있다. 축축한 바닥을 쓸고 가려 했나 보다.

　가계도 같은 뼈들을 보며 풀잎들이 운다. 파헤쳐진 흙더미에 퍼질러 앉아 운다.
　이젠 편히 쉬세요.
　뼈와 머리카락을 들어 올리자 빗자루 형체가 온데간데없다.
　저 여자 일상을 지우는 순간

조개를 굽다

화덕 위 맨발로 달려 나온
그녀들, 단단한 입술 속에 부드러운 혀를 감춘
그녀들, 레코드판 같은 껍데기마다
파도 소리를 감아 놓고
귀에 대면 금방
바다를 보여 주던
그녀들의
화려한 캠프파이어.

부리가 뜨거워져 붉은부리갈매기가 날아오른다.
파랗게 질린 간월도 한쪽이 주―우―욱 끌려 올라간다.

꽃잎

물은 방금 실잠자리 한 쌍을 놓쳤다.
온몸이 입술이다. 물은*,

물수제비를 뜬다.
서너 개 입술은 뛰어올라 헛입질을 하고, 물 깊은 쪽 입술이 덥석 받아 삼킨다. 다물던 입을 다시 벌려 부르르 부르르 입술 가장자리를 떨고 있다. 내 손끝을 당기고 있다.

립글로스 바르고 입술들이 간다. 등을 말고 선 물풀들을 넘어서 간다. 실잠자리를 뱉고 간다. 통째로 머금었던 산을 놓고 간다.

낚시꾼은 물의 목젖에 찌를 드리우고 삼킨 걸 뱉어 내라 생떼를 쓰고 있다. 물 입술이 팽팽하게 낚시꾼의 손끝을 당기고 있다.

* 채호기의 「물과 돌」에서 차용.

예감

1

그날 나는 비와 함께 신호등 앞에 유령처럼 서 있었다.

2

느슨해진 새끼줄에 매달린 폐가의 허리춤이 반쯤 흘러내려 있었다.

폐가 안쪽을 훔쳐보는 내게 쇠뜨기 풀들이 목 길게 빼고 달려든다. 나는 슬금슬금 뒷걸음질 친다. 대문 앞 풀들이 밟혀 넘어진다. 그 바람에 더부룩한 풀들로 뒤덮였던 길이 흐릿하게 보였다.

3

안성군 대덕면 삼한리

아버지 무덤 위에도 풀들이 자란다.

아버지를 따라왔는지, 아버지가 끌고 왔는지, 아버지가 모셔 왔는지 잔디 사이로 고들빼기, 개망초들이 비죽비죽 얼굴을 내밀고 있었다. 풀을 뽑을 때마다 뿌리는 끌려 나오지 않고 몸뚱어리만 뚝뚝 끊어 내고 있었다.

풀들, 흰 실핏줄이 벌써 아버지의 혈관까지 닿았을까.

곳곳에 무수한 신호음을 올려 보내는 어떤 촉수들. 나는 그것들을 무심코 쥐어뜯거나 모가지를 부러뜨리고 있었다.

길을 길들이는 법

함께 걷던 '거리'가 있다
함께였는데 '거리'를 둔다
징글벨이 울리는 '거리'
벚꽃이 혼자 피는 '거리'
넘어올 수 있는 '길'
넘어가지 못하는 '길'

'길'들을 한데 모아
점선을 따라 접는다
실선을 따라 오린다
잘게 자른다
뿌린다
수북이
꽃잎이 지고
두근거림도 수런거림도
낙엽으로 쌓여 썩은
땅 위에
꽃씨들이 풀씨들이
자라

발목을 뒤덮고
허리를 휘감고
마침내는
머리맡까지 우거질 때까지

관계

  비둘기 그림자는, 비둘기 곁에서 콘크리트 바닥을 쪼아 댄다. 제법 곁눈질이 늘어 비둘기보다 큰 부리로 비둘기보다 더 깊이 바닥의 침묵을 흠집 낸다. 기회를 보아 비둘기를 생포할 자세다. 그러나 비둘기가 날아오르면 제 아무리 큰 보폭으로 쫓아가도 얼마 못 가 비둘기의 속도를 놓쳐 버린다.

  꽃이 꽃을 버리는 줄 모르고 꽃 그림자는, 홀로 취해 제 향기를 날린 적이 여러 번 있다.

점화

소리도 없이 산이 익는다.
속까지 말랑말랑해진다.
손 높이 쳐든 채 불타는 나무를
누군가 숨어서 지켜보고 있다.
흩어지는 불똥이 십자가로 튀어
예수 머리카락 타는 냄새가 난다.
십자가는 죄 하나를 또 뒤집어쓴다.
오늘은 조금 더 땅 쪽으로 내려선 십자가.
힘껏 손 뻗으면 닿을 듯한 그만큼의 거리를 두고
가로등이 지익, 직 성냥을 그어 댄다.
자동차에서 자동차로 옮겨 붙는
불꽃들,
길에서 길로 흐르는 개나리.
어둠 속으로 산이 무너진다.
배경이 사라진다.

심심해

심심해

저수지에 갈대는 없고 갈대 깃털만 있고, 갈대 깃털은 없고 "예." "예." 끄덕임만 있고, 끄덕임은 없고 사각사각 칼 가는 오리만 있고
저수지에 오리는 없고 오리가 가르는 물주름만 있고, 물주름은 없고 산만하게 흩어지는 물비늘만 있고, 물 메아리는 돌아오다 길이나 잃고

일요일은 일요일
거꾸로 가도 일요일, 바로 가도 일요일

저수지에는 강냉이만 받아먹는 오리가 있고, 받아먹기만 하는 구름이 있고
저수지 저편 날아오르지도 내려앉지도 못하는 솟대 같은 십자가가 있고, 골똘히 명상에 잠겨 있기나 하고

심심해

저수지에 돌을 던지면 꽥꽥 달아나는 오리가 있고, 찢어지는 구름이 있고, 일그러지는 딸아이 얼굴이 있고, 십자가는 미간을 찌푸린 채 서 있기나 하고 있고 없고 없고 있고

하느님의 아이를 배지 않겠다구요

화분을 창밖으로 내어 놓아요.
아이 있던 자리가 젖고
아이 그늘 있던 자리가 젖고
빈자리에 빗방울들이
알을 슬어요.
하늘이 뿌리는 씨알.
흙 알갱이들이 간질간질 재채기할 때마다
화분 여기저기
씨알들이 튀어 올라요.

하늘이 씨를 뿌려요.
연못에 수련 씨를
텃밭에 장다리꽃씨를
길에는 빨노초 신호등 꽃씨를 뿌려요.
내 안의 유리창에
알을 슬려고 빗방울들이 안달이에요.
으깨진 채 수만 개 알들이 굴러 떨어져요.
나는 하느님의 아이를 배지 않겠다구요.

가위

파도가 심해 울릉도에 들어갈 땐 고생스러웠겠……,
나리꽃들이 군데군데 머리핀처럼 이쁘잖……,
가위는 내 말 끄트머리를 스윽 슥 잘라 버린다.

모근까지 파고드는 에어컨 바람 손톱을 자르고
방금 읽은 여성지 입 소문을 자르고
내가 맡긴 나른한 낮잠을 자르고
늘어뜨린 추억의 끈을 자르고
질탕한 매미 울음을 자르고
전화벨 소리를 자르고

하루에 이십 명도 넘는 단골손님이 그의 전용 의자에 앉아
머리를 통째로 내맡긴다. 온몸을 맡기고 졸기까지 한다.
빗질한 빛의 가닥들은 날카로운 그의
신호에 맞춰 엎드리기도, 곤두서기도 한다.
함구한 채 자리를 뜨기도 한다.
더러 목덜미를, 귓불을 핥고 가기도 한다.

잘린낱말들을내려다보지말것

스테인리스 쇳소리를 내뱉는 그는 잘 자란
숲의 머리칼도 단숨에 잘라 버린다.
상고머리 겨울 산은 사내 살내를 상큼하게 풍긴다.

안녕, 김밥

 김밥천국 아줌마는 천국을 말고 있어요. 어두운 하늘 같은 김 한 장을 펼쳐 놓고 곤두서는 밥알을 꾹꾹 눌러요. 밥알 위에 당근 채찍 우엉 부엉 어영부영을 눕히더니 검은 멍석을 둘둘 말아요.
 잘린 것, 지지고 볶은 것들이 삐어져나오려 야단이에요.
 저 검은 파이프. 식도 같은 창자 같은 주유관 같은 하수구 같은 파이프 속마다 일용할 바람을 가득 채우고
 기도하듯 김밥들이 엎드려 중얼대요. 꼬마김밥 누드김밥 김치김밥 치즈김밥. 등과 배를 맞대고 쟁반에서 중얼중얼 벽에서 중얼중얼

 김밥천국역에서 레가토로 우는 기차. 스타카토로 달리는 기차. 첫새벽에도 달리고 한밤에도 달려요.

 산짐승 울음, 언덕, 침대를 휘감아 버리는 어둠. 빅 사이즈 김밥 위로 어젯밤엔 참기름 바르듯 별이 쏟아졌어요.
 은총처럼 별들이

초승달을 당기면

 초승달, 몰래 내 목걸이에서 빠져나간 펜던트, 아니 내가 슬쩍 밀어 버린 당신, 손톱 하얗게 세우고 눈 흘기는,

 초승달, 하늘 손잡이를 힘껏 당긴다. 찢긴 하늘에서 후둑후둑 별들이 쏟아진다. 첫울음도 울지 못한 별이랑, 영문도 모른 채 끌려 나오는 별이랑, 창가로 달려와 이마를 찧고 가던 별이랑, 이제 막 하늘에 뿌리내리며 별이 되고 있을 당신의 아버지까지, ······별의별 별들이 한꺼번에 바다로 뛰어내린다. 바다 푸른 살이 움푹움푹 파인다. 바다가 더 부지런히 제 몸을 뒤집는다.
 불가사리 한 마리, 바닷가에 식다 만 별 하나가 버려져 있다.

풀

'잡초'라는 말만 던져도 뿌리를 내린다.
풀, 쉽게 휘어지는
풀, 간격을 좁혀 오는
풀, 키 큰 풀에 달라붙는
풀, 슬쩍슬쩍 키를 높이는
풀, 수시로 몸집을 불리는
풀, 갈아엎는 손을 갈아엎는
개망초, 말냉이, 소리쟁이, 지칭개.
풀 죽은 듯
한 번도 풀 죽지 않는
풀
머리에
나는 불이나 놓자 하고
바람은 꽃이나 놓자 하고

꿈틀꿈틀 봄이 구멍을
통과 중이다.

엘리베이터

어두운 하늘 위로 위로 올라간다. 나는 지금 천국엘 간다.
어릴 때 동네 할머니들은 꽃상여를 타고 갔는데 난 엘리베이터를 타고 간다.

하늘이 가까운 아파트 17층.

이곳에선 아기별 꽃이 한 철도 못 넘긴 채 기진해 죽지만, 버튼 하나로 푹 꺼진 빵을 부풀릴 수 있다. 리모컨으로 당신과 내 날카로운 발톱 사이를 빠져나간 태풍의 흔적도 눈치 챌 수 있다.

가끔 하늘에 달을 쏘아 올린다.
몸뚱이 한쪽이 베여 걸리는 달.
누군가의 영혼을 싣고 비행기가 더 깊은 하늘 속으로 사라지기도 한다.
버튼을 그곳까지 눌러 보지만, 엘리베이터는 미루나무보다 조금 높은 곳, 17층까지만 나를 올려다 놓는다.

시간의 컨베이어가 돌고 있다.
포장을 끝낸 과자 봉지처럼 어느 지점에서 나는 그렇게 툭 떨어질 것이다.

꽃잎 R과 커피

「꽃잎 R」*이란 시에 커피가
두 방울 떨어졌어.
커피 냄새는
지나는 햇살 발꿈치에서
진동하지.
함박웃음 커피랑 첫눈에 비스킷.
(이름 한번 근사하군)
그 시인 책상에
분홍색 마른 꽃잎을
놓아 줄 수 있겠니? 나비야
꽃잎을
커피라 불렀다 내던지면
뒷걸음질 쳐 올 수 있겠니?
내 입 속으로 날아올 수 있겠니?

* 박상순의 시.

CCTV

    가로등이 깍듯이 거수경례 한다고? 성처럼 둘러서서 호위해 준다고? 불 켜진 밤에 한번 봐, 판교 톨게이트를 몇 시에 통과하는지 눈 벌게져 체크하는 가로등 눈빛을 한번 봐, 방금 떨어진 나뭇잎을 지그시 밟고 있는 저 가로등, 오늘 저녁엔 가로등들이 백미러로 뛰어들어 립스틱을 재빠르게 문질러 버렸어, 그러고는 꽃물 번진 입술 쓱 닦고 말쑥하게 서 있더군, 이지러진 입술, 잃어버린 입술, 재생이 잘 되는 입술, 고개 들고 올려다 봐, 가로등 속으로 빨려 드는 네 입술을 자알 봐, 저런, 망원경 들이대고 달도 보고 있었잖아,

빗방울에게 묵념을

헤드라이트 앞

목청 돋우는 개구리들

아스팔트로 몰려나와 이리 뛰고 저리 뛰고

떼 지어 달려드는 개구리들

한밤 내

으깨어지는

울음소리에게 묵념을

비명

 누우면 하늘, 일어서면 산이 보이는 강원도.
 저 산 좀 치워 주세요.
 저혼자부푸는산, 제풀에꺼지는산, 들어가도산, 나와도산. 강원도 해는 ㄱ산에서 뜨고 ㅎ산으로 져요.

 안개로 빚어진 한계령으로 흘러가기 싫어요.
 백당나무, 산사나무에 얹힌 알약 같은 꽃 이파리들이 싫어요. 바람이 머리 위에 아스피린을 뿌려요. 눈동자는 젖는데 울지 못하는 새의 부리가 싫어요. 아무 때나 울어대는 풀벌레는 더 싫어요.
 감자 꽃, 메밀꽃, 옥수수 꽃. 저 꽃들을 다 따 버리면 강원도의 허리가 무너질까요?
 저 산들을 다 치우면 강원도 얼굴이 사라질까요?

 가도 가도 숲에서 꺼내 주지 않더니 끝내는 바다 속으로 밀어 버리려구요?
 싫어요. 제대로 죽이지도 죽지도 못하고 스르르 마취가 풀려 버리는 강원도 나비는 정말 싫어요.

* 박상순의 시 「강원도는 싫어요」의 리듬을 차용.

수종사 삽살개처럼

　네발 수행이나 할걸, 운길산에서 송촌리를 오르내리며 바람 소리라도 들을걸, 눈 빠끔히 구름 빛 털을 장삼처럼 걸치고 비에 흠뻑 젖어 보고 장신구 삼아 도깨비바늘도 붙여 보고 풀, 꽃 냄새 묻혀 와 절 마당에 내려놓아 볼걸, 꼬리로 툭, 툭, 바닥을 두드리며 두물머리 엉겨 흐르는 물살도 내려다보고, 강줄기를 지웠다 그렸다 속 모를 안개 뒷자락을 밟아도 볼걸,

　절의 귀에 매달린 물고기
　울음소리 귀에 걸고,

지하철 정거장에서

개찰구가 카드를 읽고 내 몸을 읽고 내 몸 한 장을 빠르게 넘긴다. 아, 아일랜드*.
어둠이 나를 바짝 뒤쫓는 소리. 철국철 천국철 철국철 천국철 철국철 천국철 철국철 천국철

문틈에 낀 옷깃이 운다. 울부짖는다. 들린다. 들리는 것 같다. 아니 그런 흔적은 없다. 어둠이 혓바닥을 날름거린다. 뜨겁다. 아니 배고프다. 철국철 천국철

못 박혀 우는 고양이, 벨 소리, 엄지손가락, 붉은 입술, …… 발칙한 11시가 철국철 천국철 철국철 천국철 철국철 천국철

저, 공중변소. 엉덩이 까 내린 채 배설물들을 쏟아 놓고 철국철 천국철 철국철 천국철

---

* 영화 「아일랜드」에서 복제 인간들이 꿈꾸는 이상향. 그게 죽음이란 것도 모르고.

꽁무니

알타리무들이 내 앞에
길을 놓고 간다.
엉덩이 흔들며 아스팔트 길을
내려놓고 간다.
얼마나 급했던지
속옷도 못 챙겨 입고 간다.

텃밭에는 늦게 나온 해가
헐렁한 구덩이를 쓰다듬고
해산한 듯 곯아떨어진 흙들을 쓰다듬고

구름은 구름을 부풀려 솜이불을 짓는다.
나무는 나무를 부풀려 모빌을 흔든다.
알타리무들이
무 무 무 무
눈도 코도 없는 아이들을
낳으며 간다.

부품 조립

밖에서는
라일락 꽃들이
울고불고 부푸는데
눈 꼭 감고
꿈틀대지 말고
고치나 지으란다.
꿈이나 꾸고 있으란다.

나비가 될까
잠자리가 될까
암컷이 좋을까
수컷이 좋을까
비행 속도는?
날개 모양은?
뇌 조각 가로로 19
뇌 조각 세로로 19
모니터 가득
내 머리를 잘라다 놓고 분석 중인데

나와다오나와다오나와다오
다오나와다오나와다오나와
다왔다다왔다다왔다다왔다
누가 고치를 두드리고 있다.
잎 뒤에 숨은 내게
무슨 볼일일까.
나는 지금 꿈꾸는 중인데
엄마 삼베 고치 지을 때처럼
눈물 흘리는데

섬

고개 들어야 할 때를 놓치고 말았다.

나무들

나무 한 그루를 땅속에 묻었다.
눈을 감고 서 있는 동안
주저앉아 울고 있는 동안
'나무'라는 글자를 눈 위에 써 놓는다.
흐릿해지는 눈 속 글자들이
꿈틀거리기 시작한다.
ㅏ ㅜ 획들이 땅속으로 뿌리를 밀어 넣는다.
ㄴ 획이 기지개 켜며 가지를 뻗는다.
ㅁ 잎이 매달린다.

그의 가지에서 뻗어 나간 나무들이
고개 숙인 채 이젠 보이지 않는 땅속 나무에게
낮은 소리로 무어라 한 마디씩 했다.

눈이 내린다.
눈 위에 써 놓은 글자를 덮는다.
한겨울에 피는 잎은
산속 추위를 감당할 수 없다.
그의 울음을 놓아주고 싶다.

ㅁ이 지워진다.
오랫동안 흔들렸던 가지
휘어질 때마다 제자리 돌아가려다
더 굽어 버린 가지
ㄴ 획도 지워진다.
서성이지 말고 편안히 누우라고
ㅏ ㅜ 획들이 지워진다.

눈이 내린다.
땅속에 묻힌 나무도
내가 써 놓은 나무도
사라져 갔다.
남아 있는 나무들이
터덜터덜 산 아래로 흩어져 갔다.

공

짜—식—들
힘껏 차 버려

호박씨 나몰라 옛날엔 체중계 반응없는18번 충동구매 보호본능 푸념 오리발 배째라 월요병 무책임 깡통 성질머리*

또
주워 오지 마

* "호박씨……성질머리"는 지하철 열차 내 광고 문구 중에서.

4월아, 미안하다

4월아, 미안하다.
진달래꽃들에게 더 미안하다.
펜을 들고 더 미안하다.
3월을 지나온 바람아, 잘 가.

K 시인에게 부칠 편지 끄트머리에
3월이라고 썼다가
'3' 자와 '월' 자 사이에
+1을 끼워 넣는다.

3+1
3은 귀만 같은데 1은 무심히
귀를 베는 면도날
사과 엉덩이를 베는 시큼한 칼날
개미허리 위 구둣발
아래 봄은 피는데
브래지어 곁 넥타이
사이 꽃은 피는데

쉬잇, 쉿
말을 쪼개고
구름을 가르고
입술 앞 검지가
너를 겨누고 있는 중이다.
미안하다.
남산 끝
4월 하늘아,

빨래

어깨에 힘 빼고
팔도 다리도 빼놓고
얼굴마저 잠깐 옮겨 놓으면
어디 한번
구름이 다가와 팔짱을 끼어 보고
바람이 구석구석 더듬다가 밀어 버리고
달이 계단을 걸어 내려와
핼쑥한 얼굴을 얹어도 보고
훈장처럼 별들이
붙어 있다
사라진다.
빠른 타자 속도로 빗방울이
댓글을 남기고 간다.
하늘도 땅도 아닌 곳에
사람인 듯 아닌 듯
떠 있으면

천남성

 운길산에서 천남성을 만났다 호들갑을 떨었더니 어떻게 생겼느냐고 그가 물었다.

 봄 산비탈에 혼자 서 있었다고 했다.
 모자를 눌러 쓰고 있었다고 했다.
 고개를 숙이고 있었다고 했다.
 깊이 눌러 쓴 모자를 젖혀 보았다는 말은 하지 않았다.
 푸른 군복의 '첫 남성'이 아직 거기 있더라는 말을 하지 않았다.

 숲 생태학자가 설명하는 동안 그가 살짝 떨고 있었다.

 내 눈을 따라다니던 그가 무얼 하고 왔느냐 다그쳐 묻는다.
 천남성보다 더한 독을 품고 내 '첫 남성'을 집요하게 파고든다.

브래지어를 열면

내 입은 젖꼭지에 닿지 않는다.
슬픈 장애다.
젖끼리 젖을 물린다.
A컵, B컵, C컵
브래지어를 열면
젖꼭지가 가득하다.
젖꼭지마다
바람들이
주둥이를 들이밀고 젖을
빤다.

코끝부터 먹빛이 되는 그믐달

자아도취 비법은
까치에게도 멧돼지에게도
대를 이어 전수된다.

초가을엔
포도밭 근처 소낙비들

주둥이가 하나같이
와인 빛이다.

국화 화원

국화 지천이다.
주인은 안쪽에서
얼굴만 빠끔히 내밀고 있다.
눈짓으로 국화를 가리킨다.
공작이 되려나,
얼굴을 빙 둘러 국화 꽃잎이다.
날아오르려나,
깃털 같은 국화를 그에게 건넨다.
향 한 개비를 꽂는다.
한숨 짧게 내쉬며 갓 태어난 향 연기가 사라진다.

밥 한 그릇 다 비워도
주인은 안 나오고

혼자 나서는
내 신발 가득
그의 눈짓이
질컥 밟힌다.

횡설수설아파트에서

 구름을 끌어내려 네게 집 한 채 지어 주고 싶은데 내 솜씨론 네 살갗에 골이 지게 할 것 같고 파닥이다 숨 막혀 지치게 할지도 모르고 가끔 네가 덜 자란 아이 같고 밤 사이 네가 날아갈 것도 같고
 어리둥절한 구름만 흩어졌다 모였다
 갸웃갸웃
 수군수군
 저 구름 쏟아져 내려 내가 파묻힐 것 같고 나는 목화꽃이 될 것만 같고 사방으로 날아갈 것 같고 모르는 산언덕에 걸터앉을 것 같고
 구름을 끌어내려 집 한 채 짓고 싶은데
 닿을 듯
 닿을 듯
 뜬구름이 뱃살을 늘어뜨린 채 가고 뜬구름이 뜬구름을 밀면서 가고

바코드 터널

이철수의 판화에 쏟아지는 비

가늘었다 굵었다 장대비

액자 밖으로 튀는 비

사내가 수레를 밀면서 간다

아낙이 꽁무니를 뒤따라간다

발꿈치에 머리에

화살처럼 꽂히는 비

가두어 버리는 비

내일을 위해 내 일을 위해

E, C는 특별 근무를 했다.

저녁 8시까지 E는 교실을 치웠고 C는 시를 썼다. E는 정보 검색을 위해 컴퓨터를 켰고 C는 갓 쓴 시 폼 나게 보려고 컴퓨터를 켰다. E는 내일을 위해 비타C를 마셨고 C는 내 일을 위해 E메일을 보냈다.

계단을 내려가는 E 발자국 소리
여리게
점점 여리게

C의 불빛이 복도 밖까지 새어 나간다. C는 유리창 원고지 속에 있다.
원고지 속에 꽃 화분들이 있고, 열 장도 넘는 파지들이 있고, 끼우고 빼낸 언어들이 있고, 8시를 훌쩍 넘긴 초침 소리가 있다.

어둠이 창틀에 매달려 초침 소리보다 빠른 속도로 알을 슬고 있다.

빗방울 행진곡

1
접시 위에 길을 낸다.
오른손에 나이프를 들고
왼손에 포크를 들고
스테이크 소스 자국을
자르면서 낸다.
찍으면서 낸다.
가로로
세로로
십자가를 긋는다.

2
우산을 쓰고
두런두런 길들이 온다.
휘어지면서 오고
꺾어지면서 온다.
홀소리로 온다.
닿소리로 온다.
길이 길을 데리고 온다.

없던 길이 없던 길과 만나서 온다.
무겁다고 들판을 놓아 버리고 온다.
안 되겠다고 앞산을 버려두고 온다.
괜스레 감꽃을 떨어뜨린다.
불러도 못 들은 척
뒤도 안 돌아보고 온다.
서운해서 하나씩
가로수를 심으며,

황소와 망초꽃

하늘이 더 가까운 황소
언덕길을 넘는 황소
뿔 끝에 뚝뚝 떨어지는 구름
황톳길 적실 때
언덕배기 모여 앉은 망초꽃들은
우우 소 울음을 대신 울었다.
아버지는 황소 곁을
종종걸음으로 간다.
바람은 나란히 찍힌 발자국을
따라다니며 지우고
소복 차림의 망초꽃들이
언덕길을 뒤따른다.
멀리만
쳐다보더니
엎드린 들풀들의 무동을 타고
그 먼 곳으로
황소가 가고 있다.
흑백필름 같은 두 눈이
몇 번이고 내 눈이랑 맞부딪친다.

멀어져도 자꾸만 맞부딪친다.
언덕 꼭대기로
가물가물 뿔 두 개가 사라진다.

아이들

뭉텅뭉텅 쏟아 놓은 아이들
아침마다 피는 아카시아 꽃
앞산, 뒷산
정강이에 발등에 아무렇게나 흘러내린
토끼풀 꽃, 찔레꽃
얼굴이 하얀 아이들
바람만 불어도 까르르 까르르
들길을 흔들며
숲길을 흔들며
햇빛 공화국으로
햇빛 네트워크로

구름이라도 그려 넣자

의사가 복부에 감지기를 올려놓았다
태동이 멈춘 모니터
눈물 나는
파란 하늘에
사납게 흔들리는 상수리나무
내
아
이
가
떨어져 내린다

헐거워진 숲
허리 슬며시 껴안는 바람아
텅 빈 모니터에다
어리고 통통한
구름이나 몇 장 그려 넣자

장마

방향 지시등은 지루한 듯
짝, 짝 껌이나 씹고
가로수들이 손을 뻗어 하늘을
끌어내린다. 하늘이
머리 위까지 흘러내려 와 있다.
서울특별시가 젖는다.
송파구 발목이 축축하다.
도로 표지판 가로 세로 획이 비뚤어진다.
길이 지워진다.
빗줄기들이 튀어 오른다. 엎드려 있는 길들에게
왕관을 씌운다.
망설이는 꽃 입술에 욕설이나 퍼붓다가
죽어 가는 꽃들 시원스레 죽게 하다가 비는,
고개 홱 돌려 버스 유리창에
침을 뱉는다. 버스가
얼굴을 훔치며 뒹군다.
서울특별시가
비릿하다.

바람아래해수욕장에 뒹구는 말들

뱃살 늘어뜨리고 가다
빠진 구름 떼.
오래전에 사라진 눈, 코
구멍으로 비바람 들락거리는
불가사리 한 쌍.
로봇 춤을 추다가
휘적휘적 걷다가
제 발소리에 화들짝
멈춰 서는 갈매기.
볼품없는 아랫도리
애써 가리는 꽃게.
불쑥 손 내밀면
라벤더 한 뭉치 쥐어 주고 싶은 파도.

장삼포해수욕장에서 고남초교 방향으로 논둑길 따라가면 뒹구는 말들.

목련

쪼끄만 새알들을 누가
추위 속에 품어 주었는지
껍질을 쪼아 주었는지
언제 저렇게 가득 깨어나게 했는지
가지마다 뽀얗게 새들이 재잘댄다.
허공을 쪼아도 보고
바람 불 때마다
촉촉한 깃을 털고
꽁지 치켜세우고
우왕좌왕 서투르게 날갯짓을 하고 있다.
벌써 바람의 방향을
알아챈 눈치다.

술 술 진술하다

초승달에
그녀 눈길이
생맥주 잔을 들고 앉으니
기우뚱, 달이
나뭇가지에 걸리고
건물 모퉁이에 걸리고
초승달이 취한 듯 주춤거리며 간다.

초록 불로 바뀌자마자 내달렸지요. 리본을 맨 시추, 아스팔트 위 시추는 차인가요, 사람인가요. 리본보다 더 노랗게 질린 시추를 안고 허리뼈, 무릎뼈, 두개골을 촬영했지요. 금 가지도 부서지지도 않았다는데 바람이 덜그럭거리며 불고 있어요.

잔에 어둠이 웅숭그리다 비워지고, 채워지고, 비워지고
길들이 출렁거린다.
싸늘한 잎들이 탁, 탁 그녀 뺨을 때린다.

깃발

바람 불면 날아갈 듯한 여자
바람 불어도 날아가지 않는 여자
고개 반쯤 뒤로 젖힌

그 여자
원피스 자락이
가만가만 흔들린다

표본 산제비나비는 상자 밖을 날고 있다

네 날개를 유리 상자에 가두었다.
너는 비웃기라도 하듯 유리 틈을 비집고 나와 온 방 안을 반짝이며 난다. 지나는 자리마다 햇빛 물살이 진저리를 친다.

식탁 위 말나리 꽃들이 시든 걸 보니 너는 긴 대롱으로 시간의 즙을 빨아들이고 있었어. 컵 속 물이 줄어든 것도 네 갈증이 저지른 짓일 거야. 날개가 어제보다 훨씬 눈부셔.

내 등골에 바늘을 꽂지 마.
내 중추신경을 마취하지 마.

단내 나는 자취를 향해 나비는 가볍게 날고, 꽁무니 뒤따르는 나를 어지럽히는
허공의 검푸른 날갯짓들.

생채기 하나 없이 표본 상자 속에 나비가 있다.
다가가고 물러서는 내 눈짓만 되레 아프다.

빈 병

무언가를 버리려고 마셨을
마시고 버렸을
빈 병의 궁둥이는
관능적이다.
아무렇게나 나뒹구는 궁둥이.

추녀 끝에서
지하보도에서
꿈틀대는
몸이나 뒤적이는
눈총이나 피하고 있는
힘껏 차 버리고 싶은
호르르 날아오를 듯한
빈 병.
무슨 말이 오갔는지
허리 굽히고 빠져나오며 저녁 햇살이
쯧 쯧 혀를 찬다.

헌화가

 해당화는 시들었고 헌화로에는 당신에게 줄 꽃말조차 없고 서울은 멀어요.

 구름 꽃이라도 꺾어 보자고 담쟁이덩굴이 내 발톱을 끌고 절벽을 올라요. 꽃보다 꽃 같은 스무 살의 내가 오르고 서른에도 송곳을 들고 오르고 마흔에도 셀로판테이프를 들고 오르고
 발 아래로 바람, 설레는, 파도, 하마터면 따위 말들이 부서져 내려요. 부서져 내리는 동안 무게도 한결 줄었겠지요.

 죽은 꽃들을 끌고 와 던지는 바다.
 해당화는 시들었고 헌화로에는 당신에게 줄 꽃말조차 없고 바다는 헌화로 절벽을 쥐고 흔들어요.
 절벽 꼭대기에 감자 꽃.
 한번도 선물한 적 없던 꽃다발을 당신에게 드려도 괜찮을까요.

접시 위 7번 국도

삼치 한 마리가
푸른 접시에 누워 있다
물에 잠겼던 시간은 푸르게
몸집은 도톰하게
한반도
위성 촬영 사진 한 장이다
찍은 지 얼마 지나지 않았다
접시가 따끈하다

부산에서 포항까지
꼬리지느러미를 잘라 내고
등에 걸친 바다 조각들을
서둘러 벗긴다
뒤트는 파도가 손끝으로 전해진다
하얀 배 푸른 등을 지나는
구름 속살을 헤집는다
빈 접시 내밀듯 혀를 내민다
구름 속살이 바스러지고 바스러진다

불영계곡쯤서

나는 골바람을 삼키고
삼치 두 눈은
허물어진 남쪽을
내려다본다
쌓는 속도와 무너지는 속도에 대해
빈 절터는 말해 주지 않는다
소나무 바늘 바람만
온몸을 찔러 댄다
살해치를 지나고
소똥령까지 훑어가는 동안
바닷가
군데군데
살점 부스러기들이 뒹군다

7번 국도를
슬그머니 밀어 놓는다
디디고 온 길 하나가
푸른 접시와 함께 떠밀려 간다
나는 점점 비릿해진다

나팔꽃 행성

까마득히
수
금
지
화
목
토
천
해
......
하늘과
바지랑대 사이
매달려 도는
160센티미터, 46킬로그램짜리
낯선 행성
젖가슴이 알맞게 부풀어 오를 때
비틀린 이 줄을
툭
끊, 어, 줘,

비너스, 벗어던져요

브래지어를 벗으세요.
목걸이도 빼시구요.
여자 흉내를 모두 벗으세요.

겹겹 살을 뚫고 들어가 갈비뼈만 꺼내 온 X-ray.
 갈비뼈 깊숙이 똬리를 튼 통증. 똑, 똑 눈물도 흘리고, 심통 나면 마구 발길질도 하고, 가끔씩 나를 움켜쥐고 흔드는, 그러다 붙잡혀 조용해지기도 하는 통증을 꺼내 똑똑히 보고 싶었다.
 이렇게 생겼대.
 숨어 있는 통증을 보여 주고 싶었다.
 그러나 내 가슴을 걸쳐 둔 갈비뼈만 보여 주고 외견상 clean!이라고 X-ray는 진단한다.
 크레이터가 내 가슴엔 너무 많은데 마저 벗지 못한 가운 때문일까?

 아직 스피릿*에 생명체 흔적이 감지되지 않는다.
 그것들은 제 몸을 얼마나 바싹 웅크리고 있기에

---

* NASA의 무인화성탐사 로봇.

쥐 잡으려다

1

놈이 필사적으로 버둥거리는 끈끈이를 들고 잠시 혼돈에 빠진다. 이를 어케 처리하지?
1) 세탁기에 넣어 익사시킨다.
2) 토치램프로 태워 죽인다.
3) 유한락스에 담가 생화학적으로 처리한다.
4) 땅을 파고 그대로 생매장한다.

아, 너무나 잔인한 방식이었기에 차마 이 자리에 밝히지를 못하겠다.

2
어둠이 좋겠다.
구석이면 더 좋겠다.
두려움의 털을 곤두세우고 더듬어 나아가는 길
한 치 앞도 보이지 않는 길, 그 길목에 '쥐포수'를 설치한다.

'쥐포수'에 손끝을 살짝 대 보니 기다렸다는 듯 끈끈이가 통째로 달라붙는다. 털들이 끈끈이에 눌어붙는다. 점액은 분열하듯 제 몸을 불려 거미줄처럼 나를 덮쳐 온다. 아이들 발소리도, 재재대는 소리도 사라진 교실 구석에서 홀쭉한 그림자 하나가 버둥거리고 있다.

   어둠 주의
   발 디디는 즉시 쥐가 됨

* 1은 야후 블로그 「율리시스의 시선」에서 인용.

비밀 한 컷

본관은 청송(靑松), 이름은 언주(彦珠).

아버지의 아버지의 아, 버, 지를 만나러 청송엘 간다. 아버지의 아버지의 아, 버, 지는 없고 송이를 캐러 청송엘 간다.

아버지의 아버지의 아, 버, 지들이 흘린 땀 위에 땀을 더하며 아버지의 아버지의 아, 버, 지보다 많은 떡갈나무, 신갈나무, 굴참나무 이웃들을 지나 아버지의 아버지의 아, 버, 지 수염을 쓸어내리는 소나무 아래

발칙한 송이
속 송이

꺼내드는 순간 문둥이 발이 될까 봐 세상 밖으로 나오자마자 발을 잃게 될까 봐 녹슨 바늘 같은 솔잎으로 다시 덮는다.

가라 어서 가라 송이풀이 떠미는데 분홍 저고리 풀색 치마, 가량가량한 몸놀림이 거칫거린다.

염려 말란 말이 실은 더 염려스럽지만 송이산 소나무 곁에 그대를 두고 온다.

분당엔 아, 버, 지가 낳은 심언주
청송엔 아, 버, 지가 기른 심언주

브래지어

 아오한치 신후이의 한 마을에 있는 최소한 1천 년 이상 된 요나라 무덤에서 황금색 실크 브래지어가 발굴됐다.

 천 년을 넘도록 봉긋하게 솟아 있는 브래지어.

 살이 썩고 뼈가 내려앉아 감각이란 감각들 고분고분 흙으로 돌아가고 나서도 홀로 눅눅한 구석에 배를 깔고 외롭다, 외롭다 일기를 쓰는 브래지어.
 연애처럼 무덤 위에 새 풀이 돋고, 씨가 떨어지고 또 다른 풀씨들 날아와 부풀어 오르다 사그라지고 사그라지다 다시 팽팽해진다.

 목단꽃잎 브래지어.
 내 가슴을 천 년 후에 누가 힐끗 들여다본다.

시뮬레이션
—새

유리 속에 내리는 눈, 액자에 내리는 눈은 유리질 언어다. 파묻힌 길은 파묻힌 채로 길을 간다.
하늘은 하늘대로 시리다. 푸르다.

내 손은 차갑고 나는 불을 지핀다. 액자 속 눈은 녹지 않는다. 액자를 빠져나온 새들이 우박처럼 날아다닌다. 벽에, 창문에 이리저리 부딪힌다. 부리가 부러진다. 깃털이 흩어진다. 날갯짓이 부서진다.

나는 부서져 내린 언어의 등에 불을 지핀다. 부서진 언어들이 도르르 말린다. 번데기처럼 웅크린다.

창문을 연다.
새들이 날아간다.
127, 128, 129, ……
틈틈이 세어 두었던 새집 속으로 그것들이 날아가 앉을 때까지 나는 오래도록 창문을 닫지 않는다.

웃는 도마뱀

몸통도 붙이기 전 달아난 글자들

머리통 하나로
ㅋ ㅋ 아무데서나
웃으면 되지?
웃는 돼지?
쿠쿠 쿡쿡 크크크 웃다가
다리도 몸뚱이도
거덜 난대지?
거덜 난 돼지?

머리만 둥실
ㅎ ㅎ ㅎ 웃네.
잎, 줄기 떼 내고
하하 호호
꽃잎만 웃네.

사진기 들이댄 채
네가 내 목을 자르는 동안

내 눈과 코와 입술을 다 가져가고
몸뚱이만 남겨 놓을 동안

웃으면 되지?
두리번대지 말고
우물쭈물 말고
벽에 붙어서
너를 향해
웃고 있으면 되지?
ㅎㄷㄷㅉㅉ

나는 흩뿌려진다

출렁이며 욕지도(欲知島)가
출렁이며 아이 낳고
출렁이며 구름을 낳고
출렁이며 구불구불 고갯길을 낳는다.

고갯길이 꽃을 낳고
고갯길이 꽃을 꺾고
꽃이 탁자를 낳고
커피 잔은 출렁이는 어둠을 낳는다.

욕지도, 그 섬을 알고 싶다.

탁자 위에서
남편과 아이들 사이에
침대와 식탁 사이에
점 점 점 흩뿌려지는 섬.

섬, 말들의 길이 끊겨 있다.

무너졌다 솟았다
네 앞의 커피 잔
내 앞의 커피 잔
티스푼으로 노 저어 가는
출렁, 출렁섬.

줄장미

널 기절시켜 놓고
네 등에 올라 문신을
새긴다. 새빨갛게
꽃 뜸을 뜬다.
피멍 든 손톱이
천천히 천천히
뽑혀 나갈 때까지
울타리 너머로
낮이 오고 밤이 온다.

■ 작품 해설 ■

그림자, 벌떡 일어서다

이문재

 심언주 시의 화자는 '그림자'다. 심언주 시의 예민한 시어는 '그림자의 목소리'다. 그의 시에서 화자 또는 시적 대상은 이차적 존재 뒤에 숨어 있는 삼차적 존재다. 거칠게 말해서, 태양계에서 일차적 존재는 태양이다. 태양계는 빛과 사물, 그리고 그 그림자(밤은 지구의 그림자다.)로 구성된다. 예컨대 비둘기는 이차적이고, 비둘기의 그림자는 삼차적이다.
 하지만 우리의 의식은 태양을 의식하지 않을 때가 많다. 일상적 인간에게 언제나 있는 것, 많은 것, 흔한 것은 없는 것과 마찬가지다. 사람이 있는 만큼 사람의 그림자가 있다. 사랑이 많은 만큼 사랑의 그림자가 많고, 삶이 흔한 것처럼 삶의 그림자가 흔하다. 그러니 사람, 사랑, 삶은 없는 것처럼 보일 때도 많다. 심언주의 시는 태양→사물→그림자로 이어지는 일방적 관계를 역추적한다. 한마디로, 삼차적 존재를 주체로 일으켜 세우는 전복적 기획이다. 비둘기와 비둘기 그림자의 '관계'에 주목한 시가 있다. 시인은 비둘기가 아니라 비둘기의 그림자에 초점을 맞춘다.

비둘기 그림자는 비둘기 곁에서 콘크리트 바닥을 쪼아 댄다. 제법 곁눈질이 늘어 비둘기보다 큰 부리로 비둘기보다 더 깊이 바닥의 침묵을 흠집 낸다. 기회를 보아 비둘기를 생포할 자세다. 그러나 비둘기가 날아오르면 제 아무리 큰 보폭으로 쫓아가도 얼마 못 가 비둘기의 속도를 놓쳐버린다.

꽃이 꽃을 버리는 줄 모르고 꽃 그림자는, 홀로 취해 제 향기를 날린 적이 여러 번 있다.

—「관계」 전문

비둘기와 비둘기 그림자의 관계는 일상적 삶의 여러 국면으로 번역될 수 있다. 비둘기/주인 대 비둘기 그림자/노예. 이 관계는 남과 여, 부모와 자식, 지배자와 피지배자, 원인과 결과 따위로 대표되는 주종 관계다. 비둘기와 비둘기의 그림자는 떼려야 뗄 수 없는 관계지만, 비둘기 그림자는 비둘기가 아니다. 비둘기 그림자가 비둘기를 생포하려 하는데, 어림도 없다. 비둘기가 날아가면 그만이다. 그림자는 흔적, 그것도 사라지는 흔적일 따름이다.

비둘기의 그림자와 비둘기 사이에는 사실 '관계'가 없다고 해도 무방하다. 비둘기 그림자는 비둘기가 만들지 않기 때문이다. 모든 그림자의 원인은 빛이다. 태양이다. 그러나 비둘기는 태양을 어찌할 수가 없다. 태양은 늘 높은 곳에 있고, 먼 곳에 있다. 다가가 쪼아 댈 수도 없다. 세계는 태양의 세계다. 태양계에서는 태양을 거부할 수가 없다. 그런데 비둘기 그림자의 입장에서 보면 사정은 더 심각하다. 비둘기를 움직일 수가 없다. 근본적으로, 비둘기 그림자는 빛을 볼 수가 없다. 빛을 보는 순간, 그림자는 더 이상 그림자가 아니다.

위 시에서처럼 꽃 그림자는 홀로 취해야 한다. 꽃 그림자는 꽃의 형편을 알 수 없다. 꽃 너머 태양의 존재에 대해서도 알 수가 없다. (언어가 지시하려는 대상과 언어 사이의 관계도 저러하지 않을까. 꽃이 사물이나 존재, 상황 그 자체라면 꽃 그림자는 그 언어일지도 모른다.) 그런데 꽃 그림자는 늘 꽃보다 더 크거나 작다. 일 대 일의 경우가 거의 없다. 꽃과 꽃 그림자는 늘 비대칭이다. 태양 때문이다. 시간 때문이다.

심언주의 시에서 주목할 만한 주체는 그림자로서의 주체다. 그의 시에는 비둘기나 꽃 같은 당당한 주체가 아니라, 그 그림자의 위치에 머무는 주체들이 곳곳에서 고개를 들고 있다. 무덤 속에서 오랜 시간 육탈의 과정을 거친, 뼈와 머리카락만 남은 「온몸이 지우개가 된 여자」의 시신을 비롯해, 화덕 위에서 구워지는 조개(그녀)(「조개를 굽다」), 신호등 앞에 유령처럼 서 있는 나(「예감」), 실체는 없고 실체의 흔적만 있는 저수지(「심심해」), 배경이 사라져 버리는 어둠(「점화」), 눈도 코도 없는 아이들을 낳으며 가는 알타리무(「꽁무니」), 산 아래로 흩어져 가는 나무들(「나무들」), 빨랫줄에 걸려 사람인 듯 아닌 듯 떠 있는 빨래(「빨래」), 태동이 멈춰 텅 비어 버린 모니터를 바라보는 임신부(「구름이라도 그려 넣자」) 등등. 그런데 의미심장하게도 그림자 주체가 등장하는 시는 천상과 지상/지하/수면의 수직 구도에서 활발하게, 그리고 선명하게 운동한다.

가게도 같은 뼈들을 보며 풀잎들이 운다. 파헤쳐진 흙더미에 퍼질러 앉아 운다.
이젠 편히 쉬세요.
뼈와 머리카락을 들어올리자 빗자루 형체가 온데간데없다.
—「온몸이 지우개가 된 여자」

부리가 뜨거워져 붉은부리갈매기가 날아오른다.

파랗게 질린 간월도 한쪽이 주―우―욱 끌려 올라간다.
─「조개를 굽다」

풀을 뽑을 때마다 뿌리는 끌려 나오지 않고 몸뚱어리만 뚝뚝 끊어 내고 있었다.

풀들, 흰 실핏줄이 벌써 아버지의 혈관까지 닿았을까
─「예감」

낚시꾼은 물의 목젖에 찌를 드리우고 삼킨 걸 뱉어 내라 생떼를 쓰고 있다. 물 입술이 팽팽하게 낚시꾼의 손끝을 당기고 있다.
─「꽃잎」

십자가는 죄 하나를 또 뒤집어쓴다.
오늘은 조금 더 땅 쪽으로 내려선 십자가
─「점화」

하늘이 씨를 뿌려요
연못에 수련 씨를
텃밭에 장다리꽃씨를
─「하느님의 아이를 배지 않겠다구요」

산짐승 울음, 언덕, 침대를 휘감아 버리는 어둠. 빅 사이즈 김밥 위로 어젯밤엔 참기름 바르듯 별이 쏟아졌어요.

은총처럼 별들이

—「안녕, 김밥」

인용한 시들은 모두 수직 구도 안에 있다. 차례대로 이장(移葬), 비상하는 갈매기, 무덤 위에 솟아난 풀 뽑기, 낚시질, 뾰족하게 솟아오르는 십자가, 비, 쏟아지는 별빛이 상승과 하강의 이미지를 내뿜는다. 수직의 이미지는 시집 곳곳에서 노출된다. 엘리베이터, 나무 묻기, 빨래 널기, 장대비, 떨어지는 감꽃 등등. 그런데 그림자 주체가 어떻게 이렇게 왕성하게 움직일 수 있는 것일까. 빛을 볼 수 없는 삼차적 존재가 빛이 있는, 빛이 쏟아져 내리는 천상을 전제한다. 빛은 수직적이지만, 그림자는 수평적이다. 빛에 의해 생성되지만, 그림자는 지표(바닥)에 드러눕는다. 그리하여 그림자에 집중한다는 것은 사물, 나아가 그림자와 사물을 '있게 하는' 빛에 대해 집중한다는 것이다. 우리는 태양계에 거주하는 주민들. 태양계의 태양은 곧 하느님과 같은 신의 직유다. 그림자 주체는 저 태양/신을 거부함으로써 새로운 주체로 거듭난다. 「하느님의 아이를 배지 않겠다구요」를 읽어 보자.

화분을 창 밖으로 내어놓아요.

아이 있던 자리가 젖고
아이 그늘 있던 자리가 젖고
빈자리에 빗방울들이
알을 슬어요.
하늘이 뿌리는 씨알.
흙 알갱이들이 간질간질 재채기할 때마다
화분 여기저기
씨알들이 튀어 올라요.

하늘이 씨를 뿌려요.
연못에 수련 씨를
텃밭에 장다리꽃씨를
길에는 빨노초 신호등 꽃씨를 뿌려요.
내 안의 유리창에
알을 슬려고 빗방울들이 안달이에요.
으깨진 채 수만 개 알들이 굴러 떨어져요.
나는 하느님의 아이를 배지 않겠다구요.
　　―「하느님의 아이를 배지 않겠다구요」 전문

 이 시에서 하느님은 빛이 아니라 빗방울(씨알)을 내려주고 있다. 빛과 더불어 비는 모든 생명을 살게 하는 필수 조건이다. 하늘에서 내려오는 빛과 물을 받아, 지상의 생명들은 번성한다. 번성은 번식의 연속이거니와, 번식은

본질적으로 하늘과 땅의 결합이다. 하늘(하느님)이 남성이라면, 땅(대지/바다)은 여성이다. 시 속의 화자는 하늘이 뿌리는 씨앗을 받아들여 수태해야 하는 여성이다. 하지만 여성은 하늘을 거부한다. 대신 화분을 내다 놓는다. 화분은 자궁의 은유다. 시의 초반에 나오는 "아이"는 부재하는 아이로 읽힌다. 화분이나 연못, 텃밭은 하늘의 씨알을 받아들여 생산에 성공하지만, 인간인 '나'는 임신을 거부한다. "아이 있던 자리" 혹은 "아이 그늘 있던 자리"라는 구절에 유의하면, 아이를 잃고 난 직후의 상황인지도 모른다. 하늘과 땅의 관계는 빛과 그림자의 관계다. 그리하여 땅의 모든 존재는 피조물이다. 하다못해 "신호등꽃"도 신이 만든 것이다. 하지만 신의 피조물이며 여성인 '나'는 유리창 안에 있다. 유리창이 하늘의 씨알을 막고 있다. 유리창 밖으로 나가, 화분처럼 가만히 있으면 하늘의 씨알을 받아들일 수 있을 터인데, 화자는 유리창 안에 있다. 유리창 안에서 "알을 슬려고" 안달인 빗방울을 바라보고 있다. 하늘에 대한 저항이다. 다음의 시가 그 저항의 발원지는 아닐까.

> 의사가 복부에 감지기를 올려놓았다
> 태동이 멈춘 모니터
> 눈물 나는
> 파란 하늘에

사납게 흔들리는 상수리나무
내
아
이
가
떨어져 내린다

헐거워진 숲
허리 슬며시 껴안는 바람아
텅 빈 모니터에다
어리고 통통한
구름이나 몇 장 그려 넣자
　　　　　　　―「구름이라도 그려 넣자」 전문

　이 시에서도 수직적 이미지가 강렬하다. 지표에 머물러 있던 그림자 주체가 상수리나무 위로 올라가 있다. 임신이란 들어 올려지는 것일까. 여성에게(남성에게도 마찬가지지만) 수태는 우주적 사건이다. 가장 치열하게 우주에 참여하는 것이다. 상수리나무(우주의 나무일 수도 있다.) 꼭대기로 올라가는 것이다. 하지만 나무 꼭대기에서 열매를 맺지 못한다. "내 아이"가 상수리나무에서 "떨어져 내린"다. 그런데 시의 화자는 실제의 하늘을 보는 것이 아니라 "모니터"를 보고 있다. 이 모니터에 「하느님의 아이를 배지 않겠다구요」의 "유리창"이 오버랩되는 까닭은 왜일까. 인간인 '나'와 하늘(하느님) 사이에 인간이 만든 것들이 강력하게 개입되어 있다. 유리창은 하늘과 나를 가로막고, 모니터는 아예 하늘 혹은 자궁을 대체한다. 아이를 잃은 화자는 "어리고 통통한 구름" 몇 장을 모니터에 그려 넣으면서 슬픔을 다스린다. 가장 비극적인 '수태고지(受胎告知)'가 아닐까. 그리하여 수태와 생산을 주관하는 주인이 더 이상 하느님이 아니라는 인식을 우회적으로 표현한 것은 아닐까. 이쯤에서 그림자 주체는 그림자를 벗어 버리고, 절대자와 마주하는 당당한 주체로 거듭난다.

초승달, 몰래 내 목걸이에서 빠져나간 펜던트, 아니 내가 슬쩍 밀어 버린 당신, 손톱 하얗게 세우고 눈 흘기는,

초승달, 하늘 손잡이를 힘껏 당긴다. 찢긴 하늘에서 후둑후둑 별들이 쏟아진다. 첫울음도 울지 못한 별이랑, 영문도 모른 채 끌려 나오는 별이랑, 창가로 달려와 이마를 찧고 가는 별이랑, 이제 막 하늘에 뿌리내리며 별이 되고 있을 당신의 아버지까지, ……별의별 별들이 한꺼번에 바다로 뛰어내린다. 바다 푸른 살이 움푹움푹 파인다. 바다가 더 부지런히 제 몸을 뒤집는다.
불가사리 한 마리, 바닷가에 식다 만 별 하나가 버려져

있다.

　　　　　　　—「초승달을 당기면」 전문

　이 시에서 시의 화자는 이차적이거나 수동적이지 않다. 초승달을 하늘을 여는 문의 손잡이라고 여기며 "힘껏 당긴"다. 초승달을 당겨 밤 하늘을 열다니. 화자는 얼마나 거대해져 있는가. 거의 신의 경지로 올라서 있다. 「하느님의 아이를……」이나 「구름이라도……」의 화자와 비교해 보라. 더 이상 소극적인 여성이 아니다. 우주적 남성으로 변신했다. 얼마나 힘껏 당겼으면 하늘이 찢어졌을까. 초승달이라는 문을 당겨, 밤하늘이 찢어진다는 이미지는 매우 성적이다. "첫울음도 울지 못한 별"과 "별이 되고 있을 당신의 아버지"는 탄생과 죽음을 직유한다. 하늘을 열어젖히는 주체는 남성이거니와, 그가 떨어뜨린 별들이 바다의 "푸른 살"을 "움푹움푹 파"이게 한다. 우주적 남성인 '나'와 우주적 여성인 바다가 격렬하게 교접한다. 여성인 바다는 "더 부지런히 제 몸을 뒤집는"다. 그러나 안타깝게도 저 장엄한 우주적 성교는 원만한 생산에 이르지 못한다. 바닷가에 버려진 불가사리 한 마리가, 정상적인 출산으로 이어지지 않는 수태를 환기시킨다.

　어두운 하늘 위로위로 올라간다. 나는 지금 천국엘 간다.
　어릴 때 동네 할머니들은 꽃상여를 타고 갔는데 난

엘리베이터를 타고 간다.

하늘이 가까운 아파트 17층.

(중략)

가끔 하늘에 달을 쏘아 올린다.

몸뚱이 한쪽이 베여 걸리는 달.

누군가의 영혼을 싣고 비행기가 더 깊은 하늘 속으로 사라지기도 한다.

버튼을 그곳까지 눌러 보지만, 엘리베이터는 미루나무보다 조금 높은 곳, 17층까지만 나를 올려다 놓는다.

시간의 컨베이어가 돌고 있다.

포장을 끝낸 과자 봉지처럼 어느 지점에서 나는 그렇게 툭 떨어질 것이다.

—「엘리베이터」

아파트 옥상에서 떨어져 자살하는 청소년이 떠오르는 시다. 이 시에서도 죽음은 나무와 밀접하다. 유산된 아이가 상수리나무에서 떨어지듯(「구름이라도……」) 추락하는 높이는 미루나무보다 조금 높은 곳이다. 그림자 주체는 주체가 되었지만, 그는 온전하지 못하다. "가끔 하늘에 달을 쏘아 올리"지만, 온전한 보름달이 아니고 "몸뚱이 한쪽이 베여" 있는 달이다. 완성이 아니라 미완성의 달이다. 주체는 불구다. 밤하늘 가득한 별을 쏟아 부으며 바다

와 사랑을 나누지만, 출산에 이르지 못한다. 하늘에 달을 쏘아 올릴 수 있는 능력을 갖췄지만, 그 달은 언제나 반쪽이다. 일상적 차원에서 '나'는 인격 이하, 즉 익명으로 전락한다. 인격은커녕 "포장을 끝낸 과자 봉지"와 다름없다. 하늘과 바다를 상대하는 우주와 맞서는 주체는 공장에서 생산되는 과자의 수준으로 추락했다. '나'는 이제 제품/상품일 따름이다.

    고개 들어야 할 때를 놓치고 말았다.
—「섬」 전문

군이 설명을 하지 않더라도, 우리는 저마다 섬이다. 바다에 둘러싸인 섬. 바다 아래로는 모두 연결되어 있는 섬. 고개를 들면 바로 하늘이다. 그러나 "고개 들어야 할 때"를 놓친 불행한 섬이다. 고개를 들지 못하면 어떻게 되는가. 머리를 들지 못하므로 '나'를 보지 못하고 '너'를 보지 못한다. 바다 속에 처박혀 있는 머리가 인식하는 '나'는 늘 어두울 수밖에 없다. 늘 젖어 있을 수밖에 없다. 고개를 들어, 두 눈으로 나를 바라보아야 한다. 자기 자신에 대한 정체성을 확립해야 이웃해 있는 섬(타자)을 발견하고, 인정하고, 더불어 살 수 있다. 고개를 들어야 할 때를 놓친 섬, 이것은 우리의 자화상인지도 모른다.

심언주의 시가 말하려는 바는 대단히 무겁고 어둡다. 절망적이다. 하지만 수태, 출산, 죽음 같은 의미가 상승과 하강의 이미지를 내장한 시어에 실려 경쾌한 리듬을 발산한다. 빛과 그림자의 관계를 역추적하듯이, 비극을 비극적이지 않게 드러내는 방식이 심언주 시의 전략이다. 그 기법 가운데 하나가 언어 유희와 다양한 반복이다. "함께 걷던 '거리'가 있다/ 함께였는데 '거리'를 둔다"(「길을 길들이는 법」)에서처럼 동음이의어를 나란히 배치하기도 하고, "천남성"이라는 풀 이름에서 "첫 남성"을 떠올리게 하기도 한다(「천남성」). 「내일을 위해 내 일을 위해」라는 제목도 그렇지만, 이 시에서 사람을 가리키는 영문 이니셜은 다양하게 변주된다. 가령 "E"는 이 씨 성을 나타내는 동시에 "이"라는 지시 대명사와 "이메일"을 뜻하기도 한다. "벽에, 창문에 이리저리 부딪힌다. 부리가 부러진다."(「시뮬레이션—새」, '부'의 발음에 유의해서 읽어 보라.)에서처럼, 음성적 유사성을 상상력의 연결 고리로 사용하기도 한다.

반복 또한 심언주 시에서 두드러지는 표현 기법이다. 우선 연결어미의 반복이다. "저수지에 갈대는 없고 갈대 깃털만 있고, 갈대 깃털은 없고 "예." "예." 끄덕임만 있고, 끄덕임은 없고 사각사각 칼 가는 오리만 있고"(「심심해」)에서처럼 '~고'라는 연결어미를 자주 반복한다. 이런 경우도 있다. "식도 같은 창자 같은 주유관 같은 하수구 같은 파이프 속마다"(「안녕, 김밥」)에서는 '~랑', '~ㄹ걸'과 같은 어미를 반복하기도 한다. "풀"이나 "산" 같은 명사를 되풀이할 때도 있고 "철국철 천국철 철국철 천국철"처럼 의성어를 비틀며 새로운 의미를 발생시키기도 한다.

동음이의어나 반복(나열)과 같은 표현 기법은, 무거운 시의 주제를 감당하기 위한 고민의 결과일 것이다. 아이가 유산되었다는 의사의 통보를 받으면서, 눈물을 흘리는 대신 모니터에 통통한 구름을 그려 넣는 화자를 등장시키는 시인이라면, 당연한 시적 전략이 아닐 수 없다. 슬픔은 자칫 너저분해질 수 있다. 절망은 자칫하면 구차해질 수 있다. 비극은 자칫 자폐적일 수 있다. 비극은 절제되었을 때 숭고한 비극성을 획득한다. 터질 듯이 절제된 비극성에서 카타르시스가 가능하다. 그렇다고 심언주의 시가 독자들에게 카타르시스를 체험케 해 준다는 것은 아니다. 그의 시는 카타르시스 같은 고전적 효과에 관심이 없어 보인다. 여성 화자가 자주 등장하면서도 페미니즘의 강령을 내비치지도 않는다.

심언주의 시는 비극적 주제를 다루되 그것을 직접 드러내지 않고, 짐짓 언어에 대한 경쾌한 감수성으로 감싸 안는다. 심언주의 절제된 시, 그래서 세련된 시는 가벼움에 도달하고 싶어한다.「수종사 삽살개처럼」의 시제는 과거완료형이 아니다. 천상과 지상이 이루는 수직적 강박에서 벗어나, 다시 말해 하늘과 땅 사이에 존재해야 한다는 인간의 숙명에서 벗어나 삽살개처럼 살고 싶은 것이다. 수종사의 삽살개는 '그림자 주체'가 마침내 성취하고 싶어 하는 새로운 주체, 즉 가벼운 주체, 열린 주체, 우주적 주체일 것이다. 그러니「수종사 삽살개처럼」의 시제는 미래형이다.

    네발 수행이나 할걸, 운길산에서 송촌리를 오르내리며 바람소리라도 들을걸, 눈 빠끔히 구름 빛 털을 장삼처럼 걸치고 비에 흠뻑 옷자락도 젖어 보고, 장신구 삼아 도깨비바늘도 붙여 보고 풀, 꽃 냄새 묻혀 와 절 마당에 내려놓아 볼걸, 꼬리로 툭, 툭, 바닥을 두드리며 두물머리 엉겨 흐르는 물살도 내려다보고, 강줄기를 지웠다 그렸다 속모를 안개 뒷자락을 밟아도 볼걸,

    절의 귀에 매달린 물고기
    울음소리 귀에 걸고
                        —「수종사 삽살개처럼」전문

(필자: 시인)

심언주

충남 아산에서 태어났다.
2004년 《현대시학》에 「예감」외 4편의 시를 발표하며 등단했다.
현재 '시류' 동인으로 활동하고 있다.

4월아, 미안하다

1쇄 찍음 2007년 3월 20일
1쇄 펴냄 2007년 3월 26일

지은이 심언주
편집인 장은수
발행인 박근섭
펴낸곳 (주) 민음사

출판등록 1966. 5. 19. 제16-490호
서울시 강남구 신사동 506번지 강남출판문화센터 5층 (우)135-887
대표전화 515-2000 / 팩시밀리 515-2007
www.minumsa.com

값 7,000원

ⓒ 심언주, 2007. Printed in Seoul, Korea
ISBN 978-89-374-0756-7 03810

※ 이 시집은 한국문화예술위원회 문예진흥기금 지원을 받았습니다.